Help your little one to master joined up (continuous) cursive handwriting with this fun workbook with more than 140 pages.

The 4 step concept supports the UK national curriculum and introduces pupils to the world of joined cursive handwriting.

With the help of this workbook your child will learn to write cursive in 4 easy steps:

1. Learn to trace and write the lowercase letter
2. Practice the letter in the context of a word
3. Repeat the corresponding capital letter
4. Practice writing full sentences

This book features:

- Plenty of space for repetitions for each letter

- Dotted lines and arrows for guidance

Happy Learning!
Andrea from Joyful Learning™

a a a a a a a a a a a

a a a a a a a a a a a

a a a a a a

a a

a

a

a

a

a b c d e f g h i j k l m n o p q r s t u v w x y z

a a a a a a a a a a a a a

a

a

a

a

a

a

a

a b c d e f g h i j k l m n o p q r s t u v w x y z

animal, animal, animal,

animal,

and, and, and, and,

and,

after, after, after, after,

after,

almost, almost, almost,

almost,

a b c d e f g h i j k l m n o p q r s t u v w x y z

antelope, antelope, antelope,

already, already, already,

answer, answer, answer,

anything, anything, anything,

a b c d e f g h i j k l m n o p q r s t u v w x y z

abcdefghijklmnopqrstuvwxyz

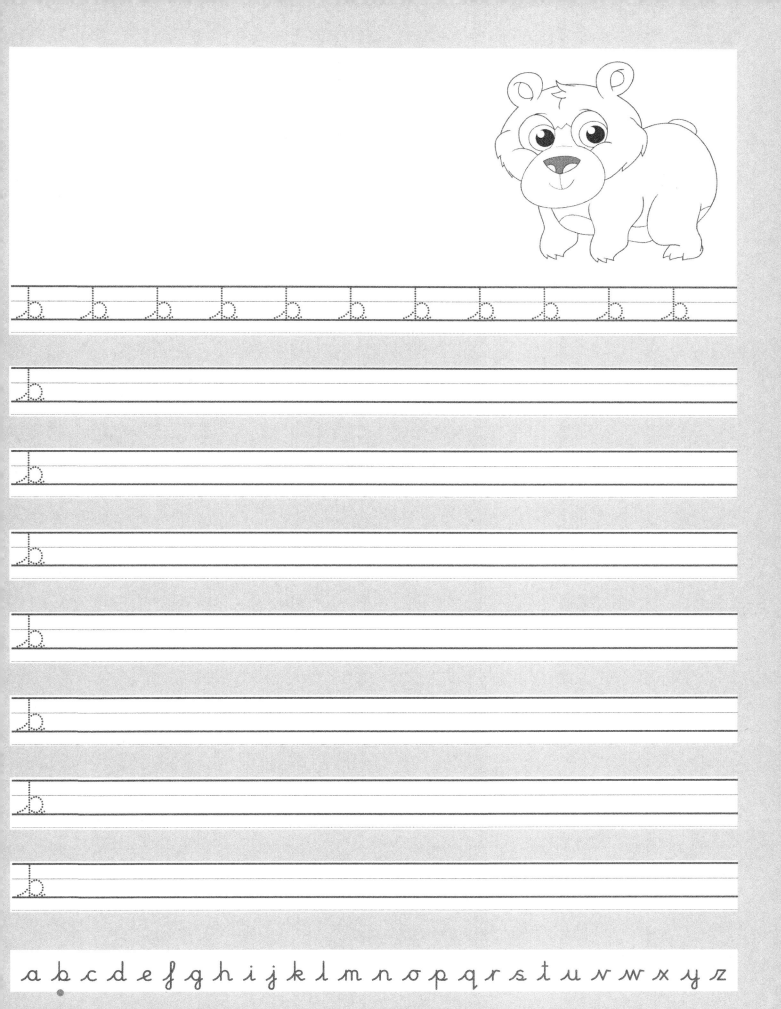

b b b b b b b b b b b

b

b

b

b

b

b

b

a b c d e f g h i j k l m n o p q r s t u v w x y z

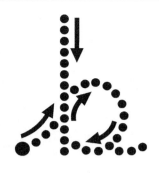

bed, bed, bed, bed,

bed,

black, black, black,

black,

ball, ball, ball, ball,

ball,

bird, bird, bird, bird,

bird,

a b c d e f g h i j k l m n o p q r s t u v w x y z

bear, bear, bear, bear,

birthday, birthday, birthday,

blanket, blanket, blanket,

bottle, bottle, bottle,

a b c d e f g h i j k l m n o p q r s t u v w x y z

c c c c c c c c c c c c c

c c c c c c c c c c c c c

c c c c c c c c

c c

c

c

c

c

a b c d e f g h i j k l m n o p q r s t u v w x y z

a b c d e f g h i j k l m n o p q r s t u v w x y z

class, class, class, class,

class,

cookie, cookie, cookie,

cookie,

corner, corner, corner, corner,

corner,

country, country,

country,

a b c d e f g h i j k l m n o p q r s t u v w x y z

cat, cat, cat, cat, cat,

city, city, city, city,

computer, computer, computer,

count, count, count,

a b c d e f g h i j k l m n o p q r s t u v w x y z

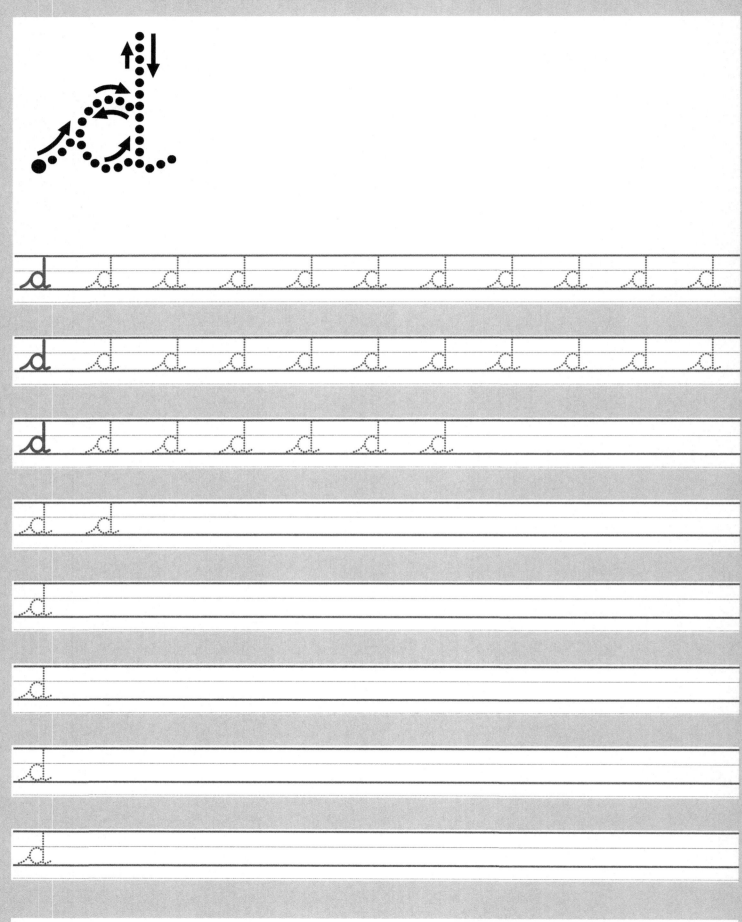

abcdefghijklmnopqrstuvwxyz

d d d d d d d d d d d

a b c d e f g h i j k l m n o p q r s t u v w x y z

daughter, daughter, daughter,

daughter,

dress, dress, dress,

dress,

day, day, day, day,

day,

different, different,

different,

a b c d e f g h i j k l m n o p q r s t u v w x y z

dog, dog, dog, dog,

decision, decision, decision,

document, document, document,

dream, dream, dream,

a b c d e f g h i j k l m n o p q r s t u v w x y z

ℓ ℓ ℓ ℓ ℓ ℓ ℓ ℓ ℓ ℓ ℓ ℓ ℓ ℓ ℓ

ℓ ℓ ℓ ℓ ℓ ℓ ℓ ℓ ℓ ℓ ℓ ℓ ℓ ℓ ℓ

ℓ ℓ ℓ ℓ ℓ ℓ ℓ

ℓ ℓ

ℓ

ℓ

ℓ

ℓ

a b c d e f g h i j k l m n o p q r s t u v w x y z

a b c d e f g h i j k l m n o p q r s t u v w x y z

evening, evening, evening,

evening,

exercise, exercise, exercise,

exercise,

eye, eye, eye, eye,

eye,

exciting, exciting,

exciting,

a b c d e f g h i j k l m n o p q r s t u v w x y z

elephant, elephant, elephant,

example, example, example,

exactly, exactly, exactly,

excellent, excellent, excellent,

a b c d e f g h i j k l m n o p q r s t u v w x y z

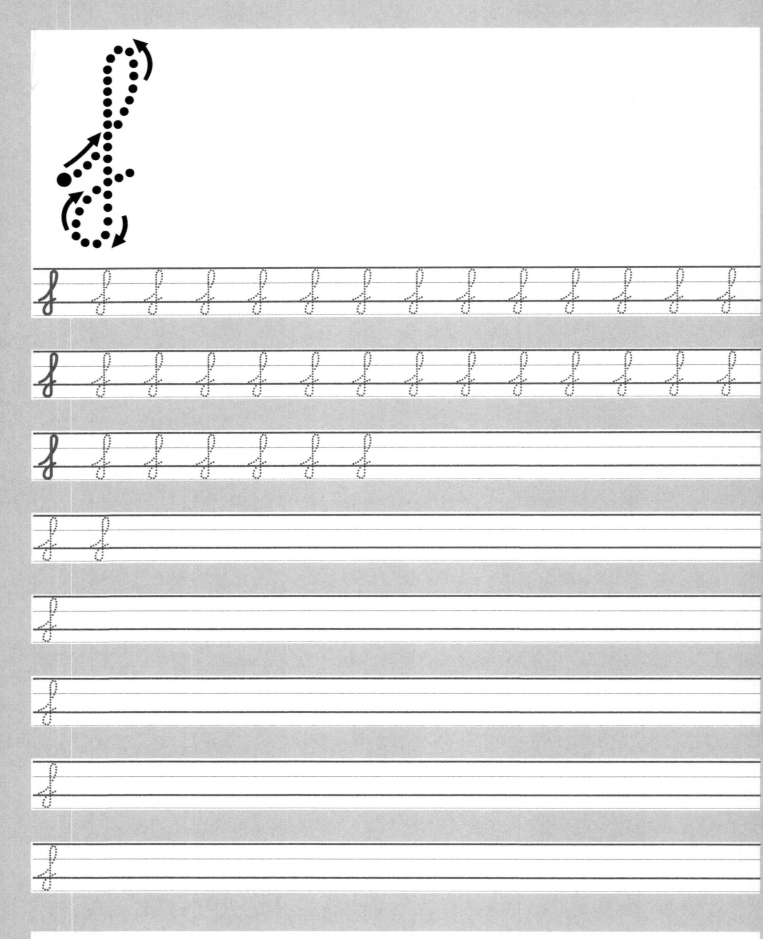

a b c d e f g h i j k l m n o p q r s t u v w x y z

_f f f f f f f f f f f f f f f_

_f_

_f_

_f_

_f_

_f_

_f_

_f_

a b c d e f g h i j k l m n o p q r s t u v w x y z

famous, famous, famous,

famous,

favourite, favourite,

favourite,

forward, forward, forward,

forward,

four, four, four, four

four,

a b c d e f g h i j k l m n o p q r s t u v w x y z

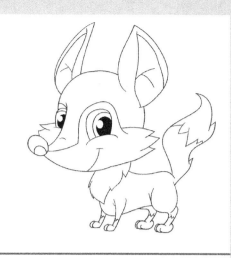

fox, fox, fox, fox,

finger, finger, finger,

floor, floor, floor, floor,

friend, friend, friend,

a b c d e f g h i j k l m n o p q r s t u v w x y z

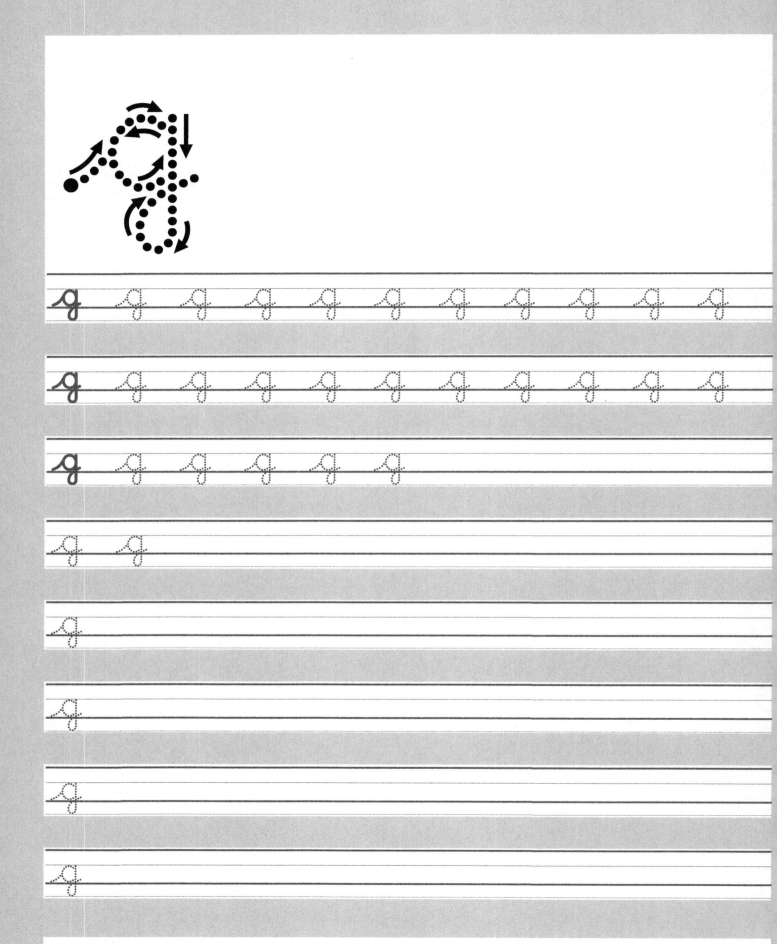

abcdefghijklmnopqrstuvwxyz

g g g g g g g g g g g

g

g

g

g

g

g

g

a b c d e f g h i j k l m n o p q r s t u v w x y z

garage, garage, garage,

garage,

garden, garden, garden,

garden,

guy, guy, guy, guy,

guy,

great, great, great,

great,

a b c d e f g h i j k l m n o p q r s t u v w x y z

goat, goat, goat, goat,

grass, grass, grass,

good, good, good, good,

green, green, green,

a b c d e f g h i j k l m n o p q r s t u v w x y z

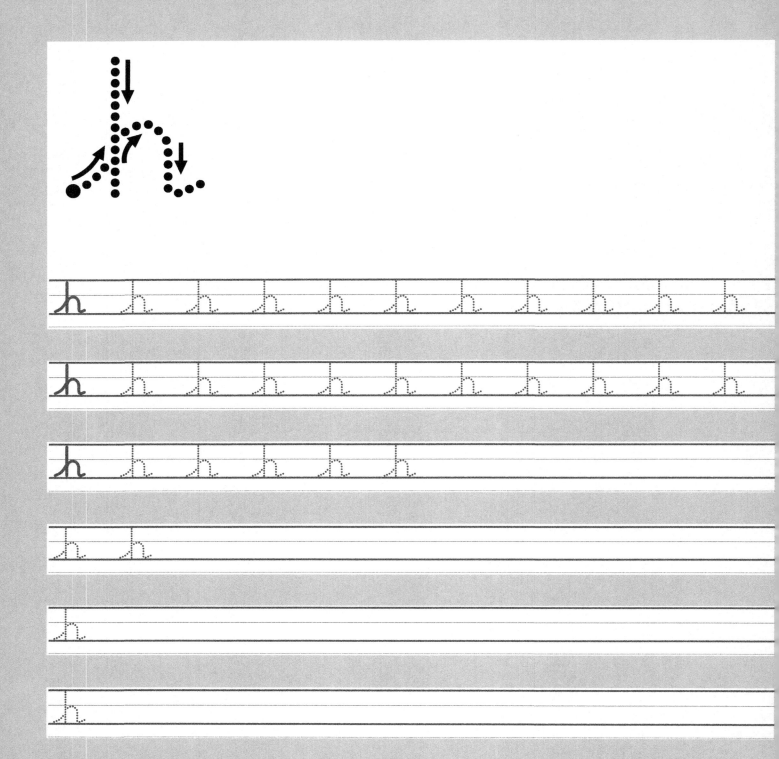

abcdefghijklmnopqrstuvwxyz

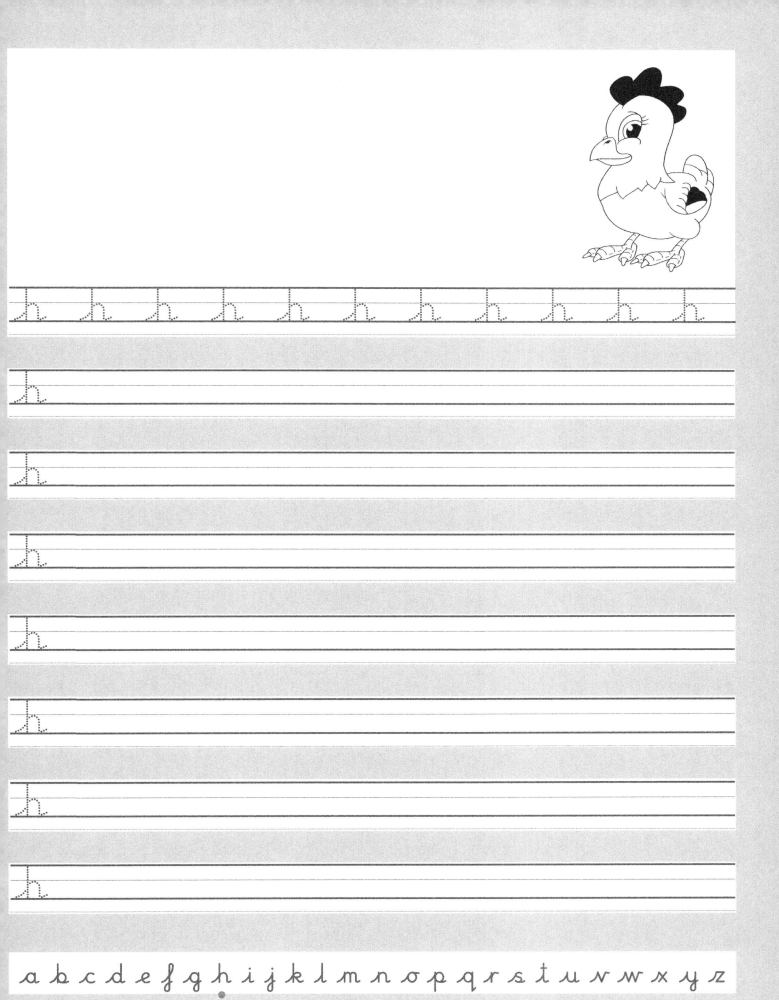

h h h h h h h h h h h

h

h

h

h

h

h

a b c d e f g h i j k l m n o p q r s t u v w x y z

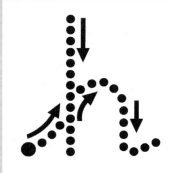

hand, hand, hand, hand,

hand,

happy, happy, happy,

happy,

hair, hair, hair, hair,

hair,

hour, hour, hour, hour,

hour,

a b c d e f g h i j k l m n o p q r s t u v w x y z

hen, hen, hen, hen,

hero, hero, hero, hero,

human, human, human,

head, head, head,

a b c d e f g h i j k l m n o p q r s t u v w x y z

i i i i i i i i i i i i i

i i i i i i i i i i i i i

i i i i i i i

i i

i

i

i

i

a b c d e f g h i j k l m n o p q r s t u v w x y z

i i i i i i i i i i i i i

i

i

i

i

i

i

i

a b c d e f g h i j k l m n o p q r s t u v w x y z

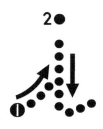

idea, idea, idea, idea,

idea,

image, image, image,

image,

interest, interest, interest,

interest,

instead, instead, instead,

instead,

a b c d e f g h i j k l m n o p q r s t u v w x y z

iguana, iguana, iguana,

invite, invite, invite,

item, item, item, item,

island, island, island,

a b c d e f g h i j k l m n o p q r s t u v w x y z

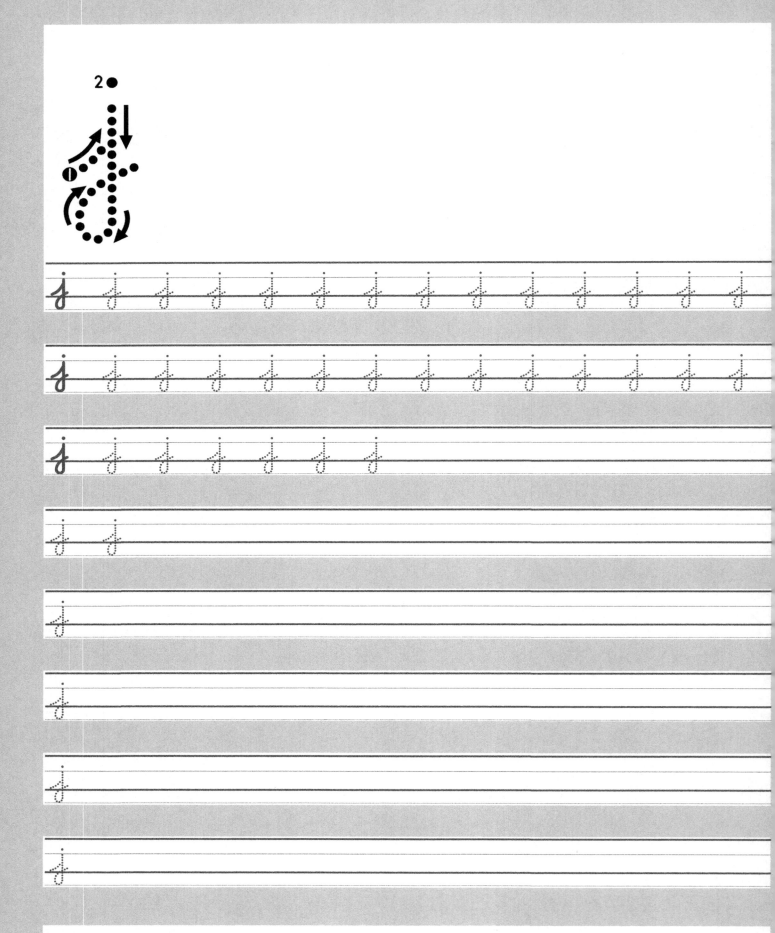

abcdefghijklmnopqrstuvwxyz

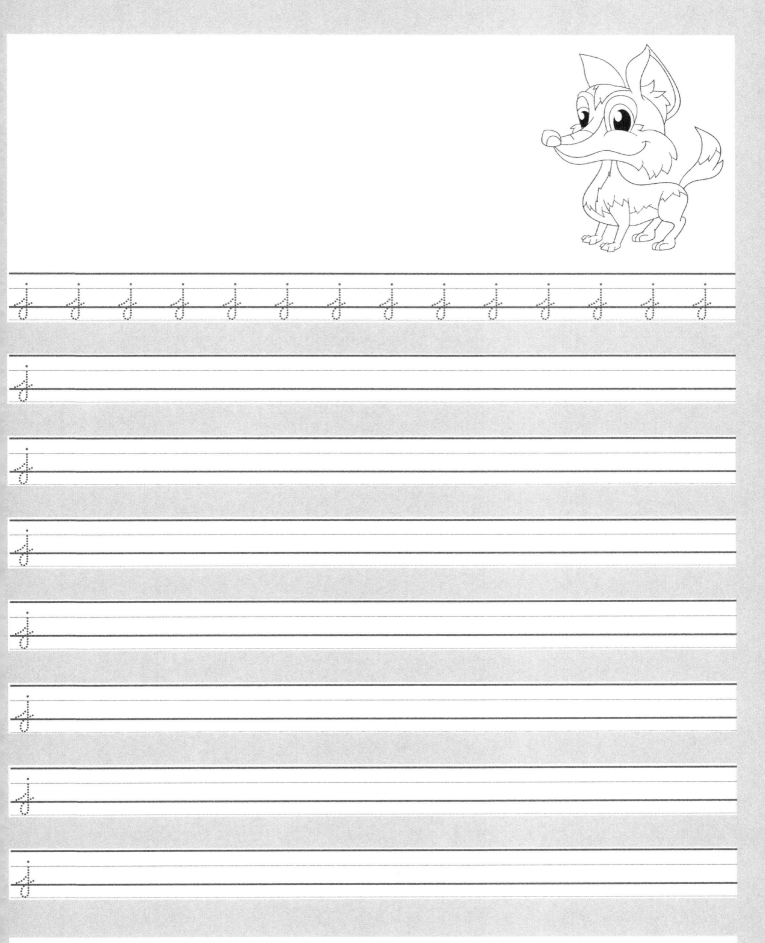

𝑗 𝑗 𝑗 𝑗 𝑗 𝑗 𝑗 𝑗 𝑗 𝑗 𝑗 𝑗 𝑗 𝑗

a b c d e f g h i j k l m n o p q r s t u v w x y z

2

jacket, jacket, jacket,

jacket,

joke, joke, joke, joke,

joke,

joy, joy, joy, joy,

joy,

jump, jump, jump,

jump,

a b c d e f g h i j k l m n o p q r s t u v w x y z

jackal, jackal, jackal,

juice, juice, juice, juice,

job, job, job, job,

journal, journal,

a b c d e f g h i j k l m n o p q r s t u v w x y z

k k k k k k k k k k k k k

k k k k k k k k k k k k k

k k k k k k

k k

k

k

k

k

abcdefghijklmnopqrstuvwxyz

kind, kind, kind, kind,

kind,

keep, keep, keep, keep,

keep,

key, key, key, key,

key,

knee, knee, knee, knee,

knee,

a b c d e f g h i j k l m n o p q r s t u v w x y z

kangaroo, kangaroo,

king, king, king, king,

kitchen, kitchen, kitchen,

kids, kids, kids,

a b c d e f g h i j k l m n o p q r s t u v w x y z

abcdefghijklmnopqrstuvwxyz

abcdefghijklmnopqrstuvwxyz

little, little, little, little,

little,

lake, lake, lake, lake,

lake,

land, land, land, land,

land,

laugh, laugh, laugh,

laugh,

a b c d e f g h i j k l m n o p q r s t u v w x y z

lion, lion, lion,

lesson, lesson, lesson

listen, listen, listen,

look, look, look, look,

a b c d e f g h i j k l m n o p q r s t u v w x y z

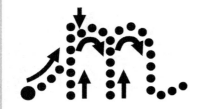

m m m m m m m m m m m

m m m m m m m m m m m

m m m m m

m m

m

m

m

m

a b c d e f g h i j k l m n o p q r s t u v w x y z

𝓂 𝓂 𝓂 𝓂 𝓂 𝓂 𝓂 𝓂 𝓂 𝓂

𝓂

𝓂

𝓂

𝓂

𝓂

𝓂

𝓂

a b c d e f g h i j k l m n o p q r s t u v w x y z

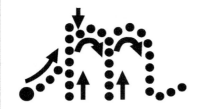

many, many, many,

many,

market, market, market,

market,

meet, meet, meet, meet,

meet,

middle, middle, middle,

middle,

a b c d e f g h i j k l m n o p q r s t u v w x y z

monkey, monkey, monkey,

milk, milk, milk, milk,

moon, moon, moon,

movie, movie, movie,

a b c d e f g h i j k l m n o p q r s t u v w x y z

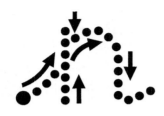

n　n　n　n　n　n　n　n　n　n　n

n　n　n　n　n　n　n　n　n　n　n

n　n　n　n　n　n

n　n

n

n

n

n

a b c d e f g h i j k l m n o p q r s t u v w x y z

abcdefghijklmnopqrstuvwxyz

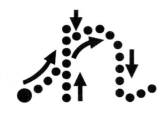

name, name, name, name,

name,

night, night, night,

night,

near, near, near, near,

near,

new, new, new, new,

new,

a b c d e f g h i j k l m n o p q r s t u v w x y z

nighthawk, nighthawk,

noise, noise, noise,

number, number, number,

normal, normal, normal,

a b c d e f g h i j k l m n o p q r s t u v w x y z

o *o* *o* *o* *o* *o* *o* *o* *o* *o* *o* *o* *o*

o *o* *o* *o* *o* *o* *o* *o* *o* *o* *o* *o* *o*

o *o* *o* *o* *o* *o*

o *o*

o

o

o

o

a b c d e f g h i j k l m n o p q r s t u v w x y z

a b c d e f g h i j k l m n o p q r s t u v w x y z

often, often, often, often,

often,

open, open, open, open,

open,

office, office, office,

office,

other, other, other,

other,

a b c d e f g h i j k l m n o p q r s t u v w x y z

owl, owl, owl, owl,

outside, outside, outside,

oven, oven, oven, oven,

own, own, own, own,

a b c d e f g h i j k l m n o p q r s t u v w x y z

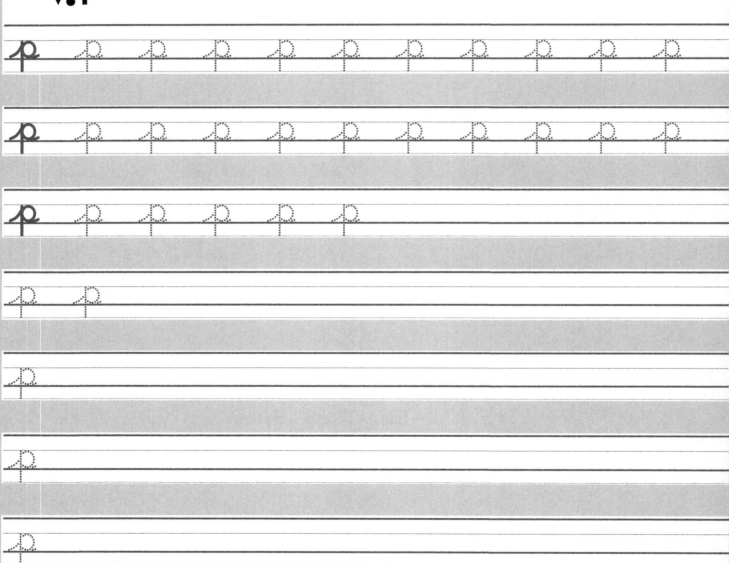

p p p p p p p p p p p

p

p

p

p

p

p

a b c d e f g h i j k l m n o p q r s t u v w x y z

paper, paper, paper,

paper,

page, page, page,

page,

pet, pet, pet, pet,

pet,

piano, piano, piano,

piano,

a b c d e f g h i j k l m n o p q r s t u v w x y z

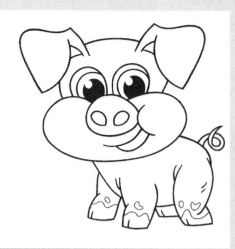

pig, pig, pig, pig,

photo, photo, photo,

problem, problem,

promise, promise,

a b c d e f g h i j k l m n o p q r s t u v w x y z

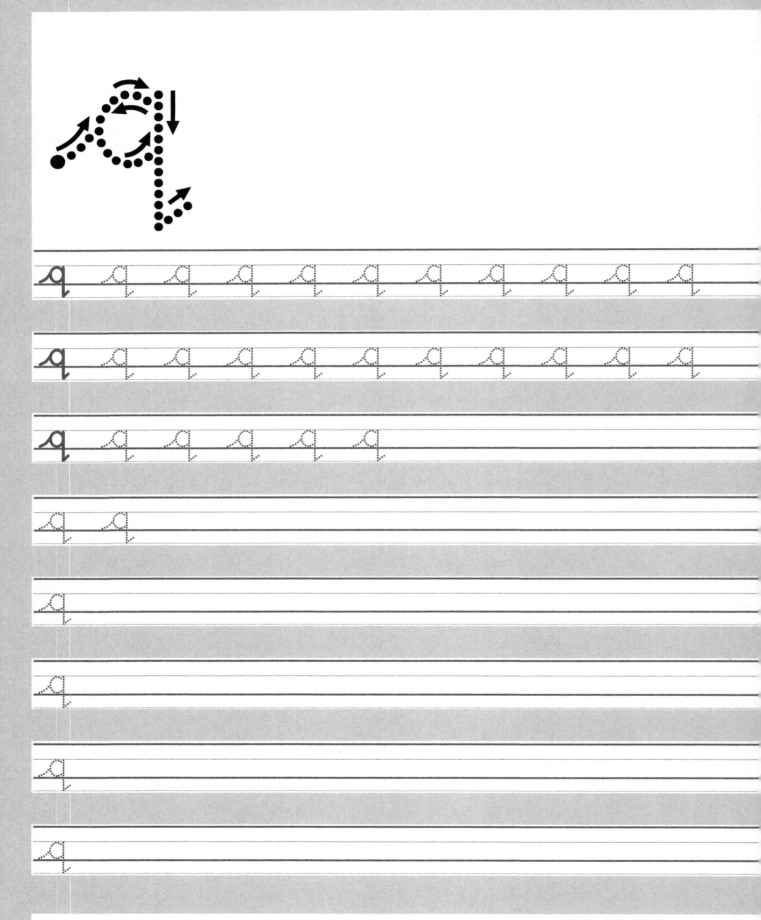

q q q q q q q q q q q

q q q q q q q q q q q

q q q q q q

q q

q

q

q

q

a b c d e f g h i j k l m n o p q r s t u v w x y z

a a a a a a a a a a a

abcdefghijklmnopqrstuvwxyz

question, question,

question,

quote, quote, quote,

quote,

quick, quick, quick,

quick,

quiet, quiet, quiet,

quiet,

a b c d e f g h i j k l m n o p q r s t u v w x y z

quoll, quoll, quoll,

quite, quite, quite,

quarter, quarter, quarter,

quit, quit, quit, quit,

a b c d e f g h i j k l m n o p q r s t u v w x y z

x

x

x

a b c d e f g h i j k l m n o p q r s t u v w x y z

abcdefghijklmnopqrstuvwxyz

radio, radio, radio, radio,

radio,

rather, rather, rather,

rather,

reason, reason, reason,

reason,

road, road, road,

road,

a b c d e f g h i j k l m n o p q r s t u v w x y z

rabbit, rabbit, rabbit,

room, room, room, room,

round, round, round,

ruler, ruler, ruler,

a b c d e f g h i j k l m n o p q r s t u v w x y z

ß ß ß ß ß ß ß ß ß ß ß ß ß ß

ß ß ß ß ß ß ß ß ß ß ß ß ß ß

ß ß ß ß ß ß ß

ß ß

ß

ß

ß

ß

a b c d e f g h i j k l m n o p q r s t u v w x y z

s s s s s s s s s s s s s

s

s

s

s

s

s

s

a b c d e f g h i j k l m n o p q r s t u v w x y z

school, school, school,

school,

sea, sea, sea, sea,

sea,

see, see, see, see, see,

see,

second, second, second,

second,

a b c d e f g h i j k l m n o p q r s t u v w x y z

snake, snake, snake,

shop, shop, shop,

sign, sign, sign, sign,

sing, sing, sing, sing,

a b c d e f g h i j k l m n o p q r s t u v w x y z

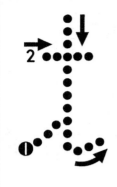

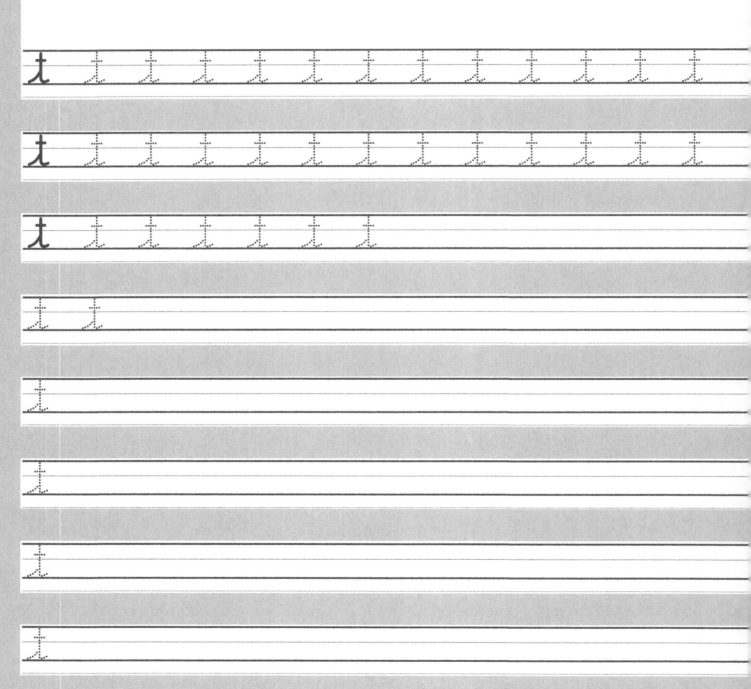

abcdefghijklmnopqrstuvwxyz

a b c d e f g h i j k l m n o p q r s t u v w x y z

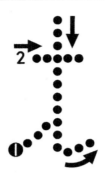

table, table, table,

table,

tea, tea, tea, tea,

tea,

test, test, test, test,

test,

thing, thing, thing,

thing,

a b c d e f g h i j k l m n o p q r s t u v w x y z

tiger, tiger, tiger, tiger,

time, time, time, time,

today, today, today,

truck, truck, truck,

a b c d e f g h i j k l m n o p q r s t u v w x y z

u   u u   u u   u u   u u   u u   u u   u u   u u   u u   u u

u   u u   u u   u u   u u   u u   u u   u u   u u   u u   u u

u   u u   u u   u u   u u   u u

u u   u u

u u

u u

u u

u u

abcdefghijklmnopqrstuvwxyz

uncle, uncle, uncle,

uncle,

under, under, under,

under,

useful, useful, useful,

useful,

unique, unique, unique,

unique,

a b c d e f g h i j k l m n o p q r s t u v w x y z

unicorn, unicorn,

uniform, uniform,

unless, unless, unless,

unlike, unlike, unlike,

a b c d e f g h i j k l m n o p q r s t u v w x y z

N   N   N   N   N   N   N   N   N   N   N

N   N   N   N   N   N   N   N   N   N   N

N   N   N   N   N

N   N

N

N

N

N

n n n n n n n n n n n n n

n

n

n

n

n

n

n

a b c d e f g h i j k l m n o p q r s t u v w x y z

voice, voice, voice, voice,

voice,

village, village, village,

village,

view, view, view, view,

view,

very, very, very, very,

very,

a b c d e f g h i j k l m n o p q r s t u v w x y z

vole, vole, vole,

valley, valley, valley,

value, value, value,

vacation, vacation,

a b c d e f g h i j k l m n o p q r s t u v w x y z

𝒩 𝒩 𝒩 𝒩 𝒩 𝒩 𝒩 𝒩 𝒩 𝒩

𝒩 𝒩 𝒩 𝒩 𝒩 𝒩 𝒩 𝒩 𝒩 𝒩

𝒩 𝒩 𝒩 𝒩 𝒩

𝒩 𝒩

𝒩

𝒩

𝒩

𝒩

a b c d e f g h i j k l m n o p q r s t u v w x y z

w w w w w w w w w

w

w

w

w

w

w

w

a b c d e f g h i j k l m n o p q r s t u v w x y z

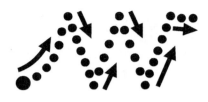

wall, wall, wall, wall,

wall,

wait, wait, wait,

wait,

week, week, week,

week,

white, white, white,

white,

a b c d e f g h i j k l m n o p q r s t u v w x y z

wolf, wolf, wolf, wolf,

woman, woman, woman,

world, world, world,

write, write, write,

a b c d e f g h i j k l m n o p q r s t u v w x y z

𝒳 𝒳 𝒳 𝒳 𝒳 𝒳 𝒳 𝒳 𝒳 𝒳 𝒳

𝒳 𝒳 𝒳 𝒳 𝒳 𝒳 𝒳 𝒳 𝒳 𝒳 𝒳

𝒳 𝒳 𝒳 𝒳 𝒳

𝒳 𝒳

𝒳

𝒳

𝒳

𝒳

a b c d e f g h i j k l m n o p q r s t u v w x y z

X X X X X X X X X X X X

X

X

X

X

X

X

X

a b c d e f g h i j k l m n o p q r s t u v w x y z

exercise, exercise,

exercise,

example, example,

example,

box, box, box, box,

box,

exact, exact, exact,

exact,

a b c d e f g h i j k l m n o p q r s t u v w x y z

xerus, xerus, xerus,

text, text, text, text,

mix, mix, mix, mix,

next, next, next,

a b c d e f g h i j k l m n o p q r s t u v w x y z

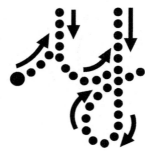

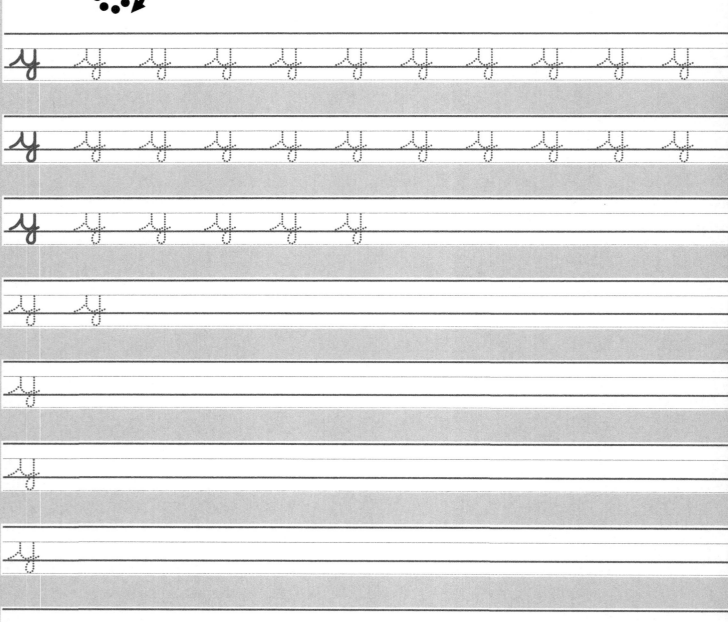

y

a b c d e f g h i j k l m n o p q r s t u v w x y z

abcdefghijklmnopqrstuvwxyz

year, year, year, year,

year,

yellow, yellow, yellow,

yellow,

young, young, young,

young,

yes, yes, yes, yes,

yes,

a b c d e f g h i j k l m n o p q r s t u v w x y z

yak, yak, yak, yak,

yield, yield, yield,

yet, yet, yet, yet,

yesterday, yesterday,

a b c d e f g h i j k l m n o p q r s t u v w x y z

JZ JZ JZ JZ JZ JZ JZ JZ JZ JZ JZ

JZ JZ JZ JZ JZ JZ JZ JZ JZ JZ JZ

JZ JZ JZ JZ JZ

JZ JZ

JZ

JZ

JZ

JZ

a b c d e f g h i j k l m n o p q r s t u v w x y z

Jj Jj Jj Jj Jj Jj Jj Jj Jj Jj

Jj

Jj

Jj

Jj

Jj

Jj

abcdefghijklmnopqrstuvwxyz

zone, zone, zone, zone,

zone,

zoo, zoo, zoo, zoo,

zoo,

zigzag, zigzag, zigzag,

zigzag,

zipper, zipper, zipper,

zipper,

a b c d e f g h i j k l m n o p q r s t u v w x y z

zebra, zebra, zebra,

zeppelin, zeppelin,

zombie, zombie, zombie,

zinc, zinc, zinc, zinc,

a b c d e f g h i j k l m n o p q r s t u v w x y z

Let's repeat
CAPITAL LETTERS

A A A A A A A A A A A A A

A A A A A A A A A A A A A

A A A A A A

A A

A

A

A

Australia, Australia, Australia

A B C D E F G H I J K L M N O P Q R S T U V W X Y Z

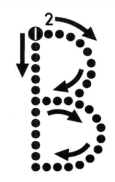

B B B B B B B B B B B B B

B B B B B B B B B B B B B

B B B B B B

B B

B

B

B

British, British, British, British

A B C D E F G H I J K L M N O P Q R S T U V W X Y Z

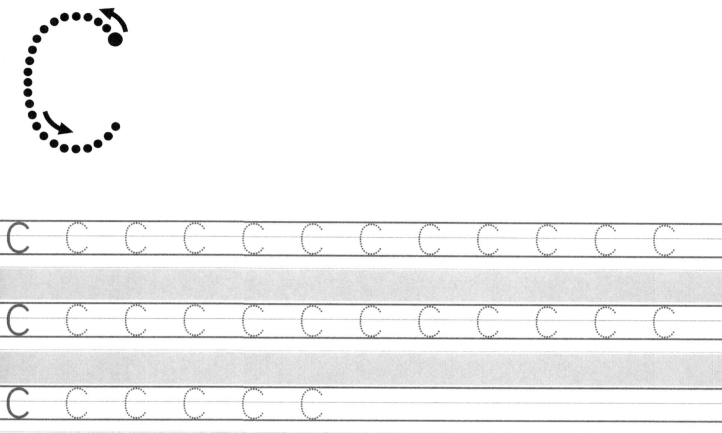

C C C C C C C C C C C C

C C C C C C C C C C C C

C C C C C C

C C

C

C

C

Canada, Canada, Canada

A B C D E F G H I J K L M N O P Q R S T U V W X Y Z

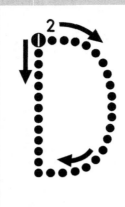

D D D D D D D D D D D D D

D D D D D D D D D D D D D

D D D D D D

D D

D

D

D

Denmark, Denmark, Denmark

A B C D E F G H I J K L M N O P Q R S T U V W X Y Z

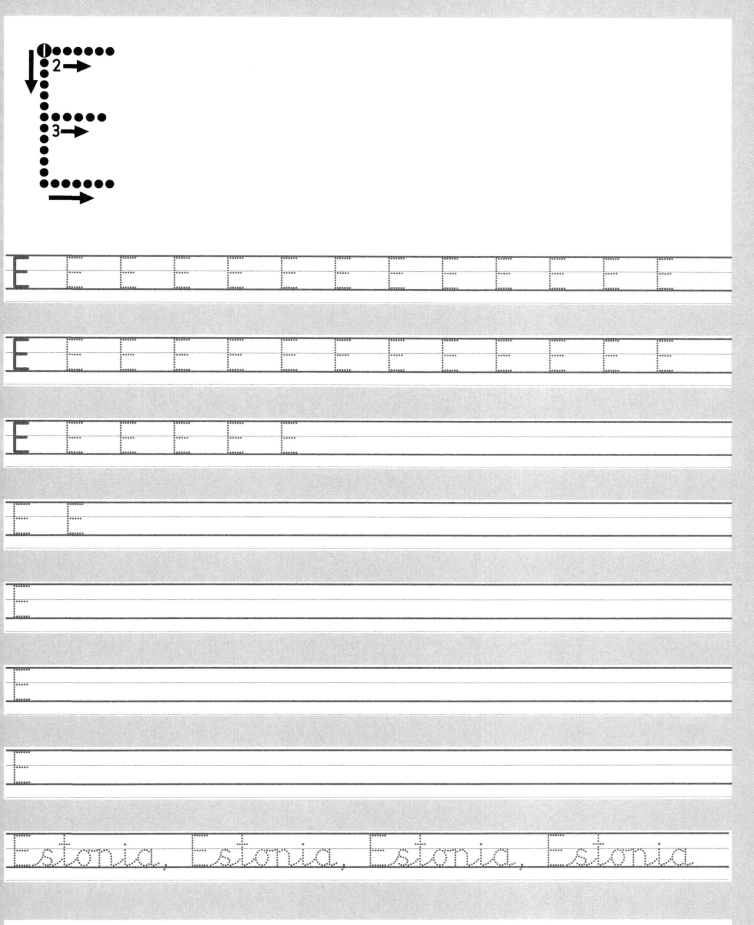

E E E E E E E E E E E E E

E E E E E E E E E E E E E

E E E E E E

E E

E

E

E

Estonia, Estonia, Estonia, Estonia.

A B C D E F G H I J K L M N O P Q R S T U V W X Y Z

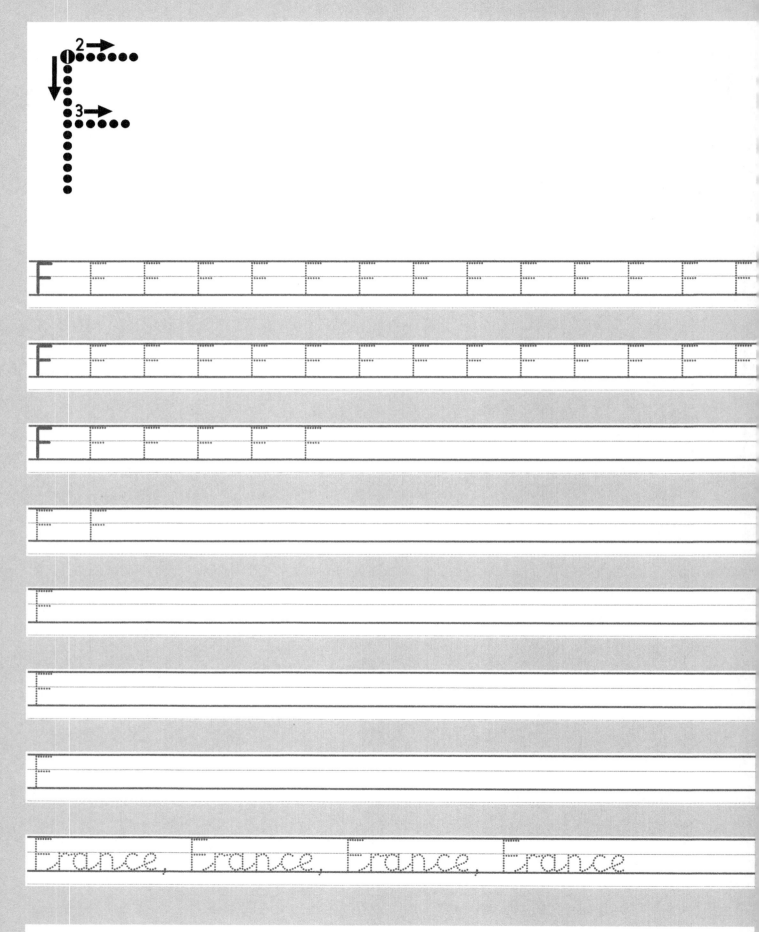

F F F F F F F F F F F F F

F F F F F F F F F F F F F

F F F F F

F F

F

F

F

France, France, France, France

A B C D E F G H I J K L M N O P Q R S T U V W X Y Z

G G G G G G G G G G G G

G G G G G G G G G G G G

G G G G G G

G G

G

G

G

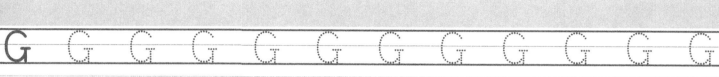

A B C D E F G H I J K L M N O P Q R S T U V W X Y Z

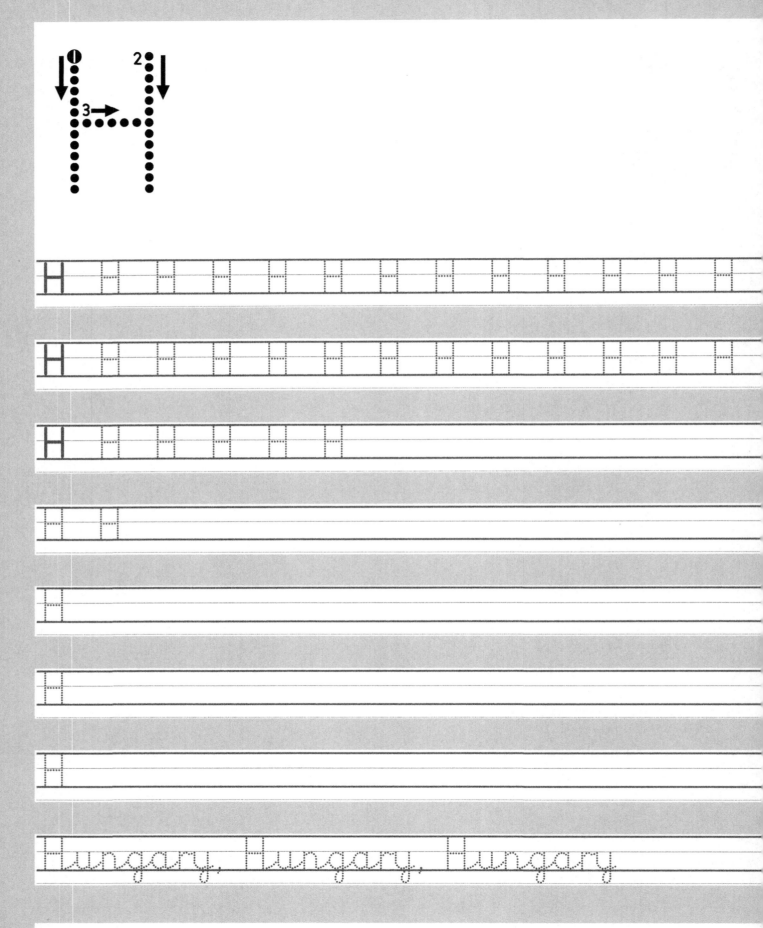

Hungary, Hungary, Hungary

A B C D E F G H I J K L M N O P Q R S T U V W X Y Z

I I I I I I I I I I I I

I I I I I I I I I I I I

I I I I I I

I I

I

I

I

Italy, Italy, Italy, Italy, Italy

A B C D E F G H I J K L M N O P Q R S T U V W X Y Z

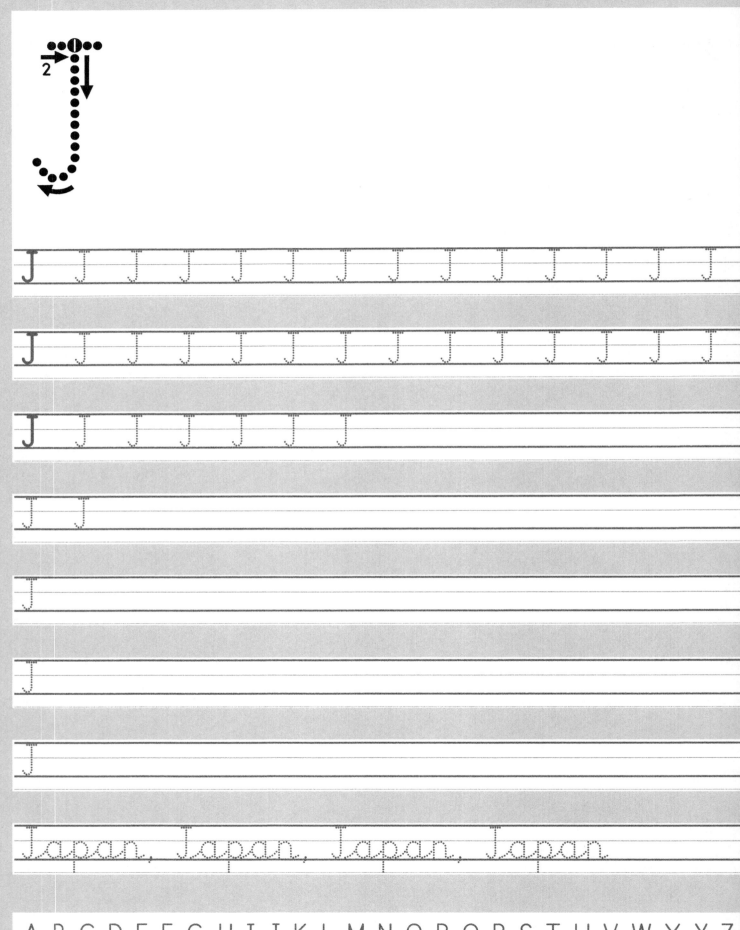

J J J J J J J J J J J J J J

J J J J J J J J J J J J J J

J J J J J J J

J J

J

J

J

Japan, Japan, Japan, Japan

A B C D E F G H I J K L M N O P Q R S T U V W X Y Z

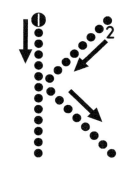

K K K K K K K K K K K K K

K K K K K K K K K K K K K

K K K K K K K

K K

K

K

K

Kenya, Kenya, Kenya, Kenya

A B C D E F G H I J K L M N O P Q R S T U V W X Y Z

Latvia, Latvia, Latvia, Latvia

A B C D E F G H I J K L M N O P Q R S T U V W X Y Z

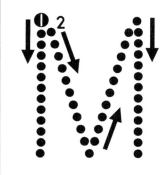

M M M M M M M M M M M M M M

M M M M M M M M M M M M M M

M M M M M M

M M

M

M

M

Mexico, Mexico, Mexico, Mexico

A B C D E F G H I J K L M N O P Q R S T U V W X Y Z

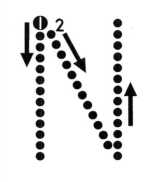

N N N N N N N N N N N N N N N

N N N N N N N N N N N N N N N

N N N N N N

N N

N

N

N

Norway, Norway, Norway, Norway

A B C D E F G H I J K L M N O P Q R S T U V W X Y Z

O O O O O O O O O O O O

O O O O O O O O O O O O

O O O O O O

O O

O

O

O

Oman, Oman, Oman, Oman, Oman

A B C D E F G H I J K L M N O P Q R S T U V W X Y Z

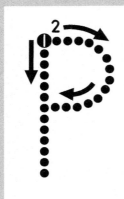

P P P P P P P P P P P P P P P P

P P P P P P P P P P P P P P P P

P P P P P P P P

P P

P

P

P

Portugal, Portugal, Portugal

A B C D E F G H I J K L M N O P Q R S T U V W X Y Z

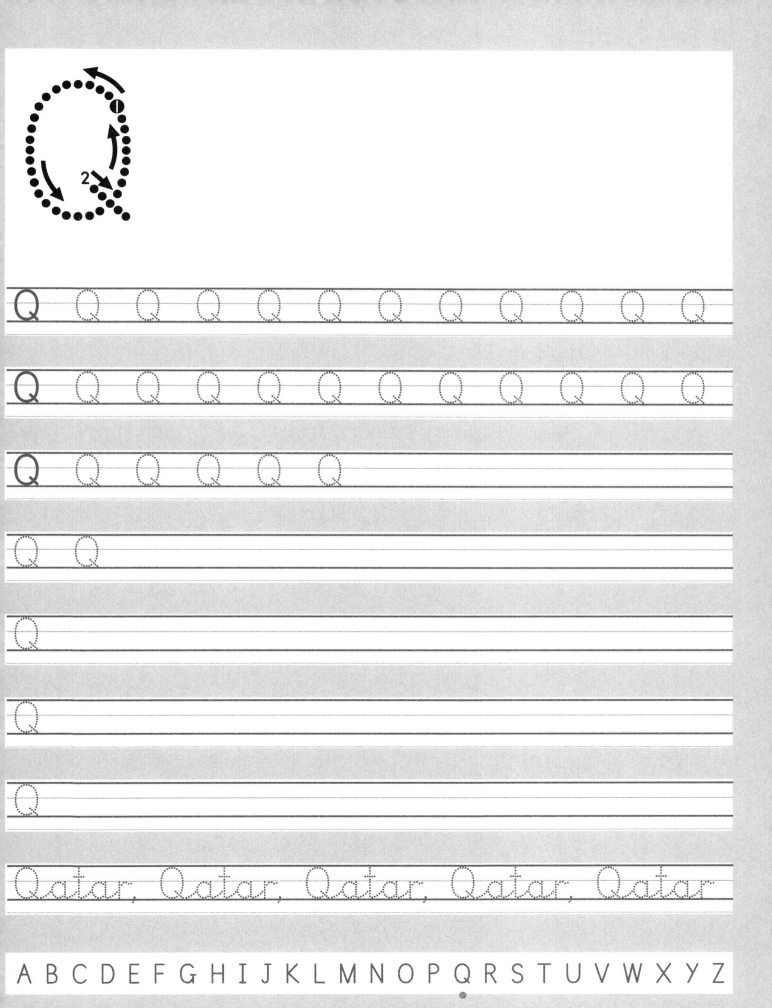

Q Q Q Q Q Q Q Q Q Q Q Q Q

Q Q Q Q Q Q Q Q Q Q Q Q Q

Q Q Q Q Q Q

Q Q

Q

Q

Q

Qatar, Qatar, Qatar, Qatar, Qatar

A B C D E F G H I J K L M N O P Q R S T U V W X Y Z

R R R R R R R R R R R R R R R

R R R R R R R R R R R R R R R

R R R R R R R

R R

R

R

R

Romania, Romania, Romania.

A B C D E F G H I J K L M N O P Q R S T U V W X Y Z

S S S S S S S S S S S S S

S S S S S S S S S S S S S

S S S S S S S

S S

S

S

S

Spain, Spain, Spain, Spain, Spain

A B C D E F G H I J K L M N O P Q R S T U V W X Y Z

Thailand, Thailand, Thailand

A B C D E F G H I J K L M N O P Q R S T U V W X Y Z

U U U U U U U U U U U U U

U U U U U U U U U U U U U

U U U U U U U

U U

U

U

U

Ukraine, Ukraine, Ukraine, Ukraine

A B C D E F G H I J K L M N O P Q R S T U V W X Y Z

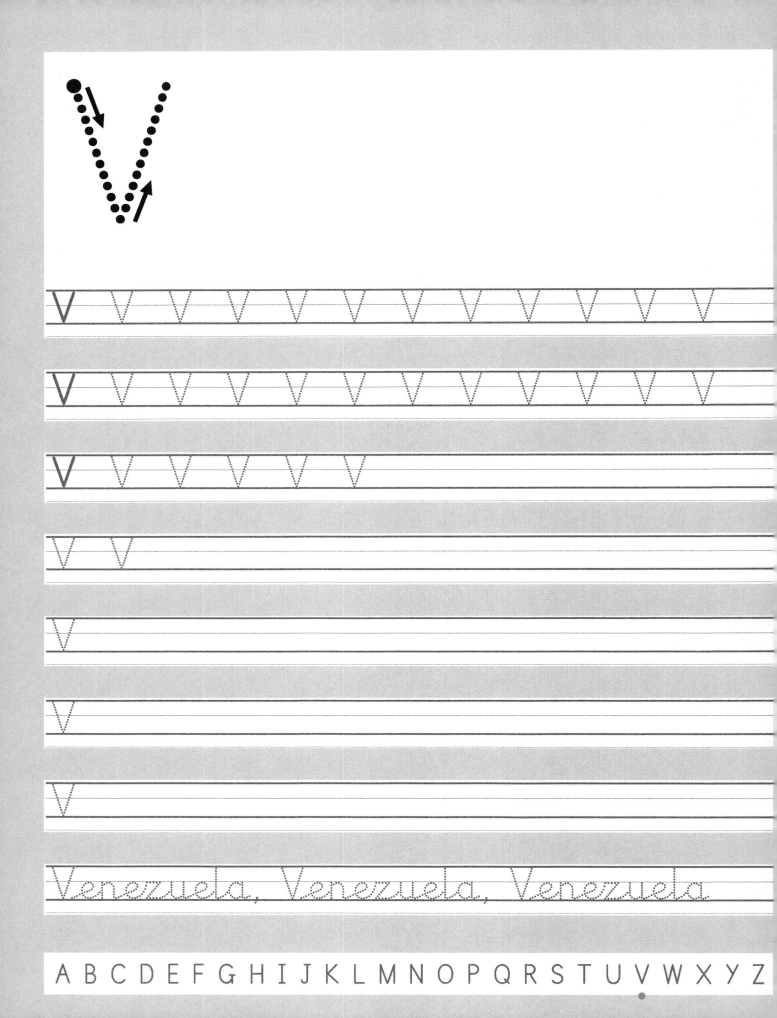

V V V V V V V V V V V V V

V V V V V V V V V V V V V

V V V V V V

V V

V

V

V

Venezuela, Venezuela, Venezuela

A B C D E F G H I J K L M N O P Q R S T U V W X Y Z

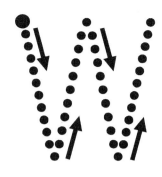

W W W W W W W W W W W

W W W W W W W W W W W

W W W W W

W W

W

W

W

Wednesday, Wednesday

A B C D E F G H I J K L M N O P Q R S T U V W X Y Z

A B C D E F G H I J K L M N O P Q R S T U V W X Y Z

A B C D E F G H I J K L M N O P Q R S T U V W X Y Z

Z Z Z Z Z Z Z Z Z Z Z Z

Z Z Z Z Z Z Z Z Z Z Z Z

Z Z Z Z Z Z

Z Z

Z

Z

Z

Zambia, Zambia, Zambia, Zambia

A B C D E F G H I J K L M N O P Q R S T U V W X Y Z

Let's practise sentences

I like to play with my friends.

I like to play with my friends.

A B C D E F G H I J K L M N O P Q R S T U V W X Y Z

What is your favourite subject?

What is your favourite subject?

A B C D E F G H I J K L M N O P Q R S T U V W X Y Z

My uncle is a school teacher.

My uncle is a school teacher.

A B C D E F G H I J K L M N O P Q R S T U V W X Y Z

The homework is very easy.

The homework is very easy.

A B C D E F G H I J K L M N O P Q R S T U V W X Y Z

I am playing with my brother.

I am playing with my brother.

A B C D E F G H I J K L M N O P Q R S T U V W X Y Z

Who is your favourite teacher?

Who is your favourite teacher?

A B C D E F G H I J K L M N O P Q R S T U V W X Y Z

The bird is sitting on a branch.

The bird is sitting on a branch.

A B C D E F G H I J K L M N O P Q R S T U V W X Y Z

There is someone at the door.

There is someone at the door.

A B C D E F G H I J K L M N O P Q R S T U V W X Y Z

The tree has many leaves.

The tree has many leaves.

A B C D E F G H I J K L M N O P Q R S T U V W X Y Z

abcdefghijklmnopqrstuvwxyz

IMPRINT

The author Andrea Fisher is represented by:

Andrea Schiffer
48th St. Blck 321, Lot 5&6,
Metrogate Subdivision, Brgy. Capaya
2009 Angeles City
Pampanga, Philippines

Email: creationsforyou.art@gmail.com

ISBN: 979-8847807814
Year of Publishing: 2022

Printed in Great Britain
by Amazon

44534950R00084